「実語教注解」現代語訳

―日本の伝統教育が蘇る―

安達 信一

天満宮とは菅原道真公のことです。
道真公が中国の文選・遊仙屈等の文に訓点を施されている挿絵です。

小野道風が蛙（かわづ）が枝にとびのぼる姿を見て、筆道を錬磨しようと決心した場面の挿絵です。

弘法大師が川を隔てて文字をお書きになられた場面の挿絵です。

はじめに

はじめて「実語教」ということばを聞いた人は、お経の一つのようでなじみのないもののように感じるのではないでしょうか。しかし「山高きが故に貴からず。樹有るをもって貴しとす。」と聞くと、日本で学んだ人たちなら一度はどこかで耳にした覚えがあるのではないでしょうか。この言葉は実語教の一番最初に出てくる言葉です。また福沢諭吉の「学問のすすめ」にも、その初編にある「天は人の上に人を造らず人の下に人を造らずと言えり」の少し後に「実語教」からの引用があり、「実語教に、人学ばざれば智なし、智なき者は、愚人なりとあり。」と引用しています。

このように実語教には、日本人にとってなじみの深い言葉がたくさんあり、難解なお経というより、子ども向けの修養書、道徳の教科書にたとえたが分かりやすいと思います。このため「実語教」は、江戸時代の寺子屋をはじめ古くから子どもたちの道徳のテキストとして日本中で使われ、明治時代に学制が始まった当時も使用されました。

「実語教」ができたのは平安時代といわれ、作者は弘法大師であるといわれていますが実際の作者は分かっていません。しかし、平安時代から読み継がれ、子どもたちが最初に学ぶ道徳のテキストとして使われてきたものです。

また「実語教」は「山高故不貴　以有樹為貴」のように五言律詩の対句の形式で基本的に構成され、全文字数は四八〇字とたいへんコンパクトな内容になっています。同じような言葉を使って韻を踏みながら、リズミカルで覚えやすくできています。

江戸時代の寺子屋では、「実語教・童子教」の形で「実語教」を学んだあと、さらに深く学ぶために「童子教」がセットになった往来物（おうらいもの）がたくさんありました。白文と呼ばれる漢文だけのテキストは少なく、返り点などの訓点とともに初めて学ぶ子どもたちのために漢字にはほとんどふりがながつけてありました。

今回紹介する「実語教注解」は、この「実語教」を具体的に分かりやすく学べるよう解説をつけたものです。今の学校の先生たちは、教科書を使って授業を進めるときには、教科書だけでなく、教科書出版会社が作った教師用指導書を参考に授業を進めることがあります。教師用指導書には授業の進め方や留意点などが詳しく示されています。「実語教注解」は先生が「実語教」を教える時に、一つ一つの言葉の意味や解説をするための教師用指導書のような役割があったと思います。また挿絵などもついていますので、学ぶ子どもたちの参考書的な役割もあったことと思います。私の手許にはこの注解書とともに、「注釈絵入実語教童子訓」（※文献名が長いので以降「絵入実語教」と略）や「実語教絵本」のように挿絵をふんだんに入れて分かりやすく解説した解説書もありますので、日本全国を調査すれば、当時の様々な種類の「実語教」の解説書があったと思います。

令和の現在は、致知出版社より齋藤孝氏の「子どもと声に出して読みたい『実語教』」という書籍が出版され、現代の人々にもたいへん分かりやすく「実語教」が解説されています。また、ネット上にも「実語教」の解説があります。

今回紹介する「実語教注解」は天保十年（一八四〇年）江戸末期に、当時の江戸の大手出版社千鐘房より出版された解説書です。江戸時代の当時の人々がどう「実語教」を解釈していたかがよく分かりますので、あえてそれを現代語に訳すことで当時の人々の文化や生活、教育、道徳意識にふれるために出版することにしました。また「絵入実語教」（一七八五年出版）や「実語教絵本」（一八〇一年出版）では同じ「実語教」でも解釈が少し異なっていますので、本文ではこれらも参考にして私のコメントをつけ、より当時の「実語教」が分かりやすいようにしたいと思います。またコメントでは勝手ながら現代からみた私の考えも付記したいと思います。

凡例

一　扉の三枚の挿絵、「菅原道真公」「小野道風」「弘法大師」の挿絵は、「実語教注解」の扉にある挿絵です。

二　太字、毛筆体の言葉が「実語教注解」にある「実語教」の句です。書き下し文とふりがなは「実語教注解」にある書き下し文とふりがなによります。

三　「実語教注解」にある「論語」等からの引用文には、〇をつけて引用文であることが分かるようにし、そのあとに引用句の現代語訳の注釈をつけました。

四　「実語教」の各句の後に（注解）として「実語教注解」の現代語訳を置き、そのあとに**コメント**をつけて出典の由来や「実語教絵本」「絵入実語教」の解説の紹介と私の解釈をつけました。

実語教注解

この書を名付けて実語教といいます。もっとも仏教の経典から根拠になる文章を引き出して創作したものです。このようなわけで多くは仏教の経典からの言葉をもとにして子どもたちを教え諭すことを目的にしています。

しかしながらあながち仏教の言葉だけではありません。古代中国の聖人や賢者の古い言葉から引用して書いた文章もまた多くあります。実語教といいながら、仏教の言葉だけではありません。ただよく文章を理解して、子どもたちを教え諭すべきものであります。仏教による言葉は仏教によって、その意味を会得し、中国の聖人の言葉は、聖賢の言葉によってその意味を会得するものです。

そうはいっても男子や女子が、なぜよい先生を求めて深く学ぶべきものなのでしょうか。それは仏教の言葉や聖賢の言葉を深く学ぶことはもっとも困難なものだからです。

そこでこの冊子は、その引用句をできるだけ少なくしながらも、その意味を深く実に子ども達のためにこの注釈書を設けて、くわしく教え、学ぶことができるようにすることが目的であります。

このようなわけでありますから、この冊子を読んで、実語教の知恵や徳を習得することが肝心なところです。

コメント

この文章は「実語教注解」の本文の前に書かれた文章で、なぜ著者が注解をつけたか理由を述べています。「実語教」を子どもたちが正確によく理解できるようにするため、仏典よる言葉の引用には仏典から、儒教からの言葉の引用には論語などにある孔子をはじめとする聖賢の言葉から適切な部分を引用して解説したと書いています。原典を大切にするたいへん学問にたいして謙虚な姿勢だと思います。江戸時代の著者の思いが現代によみがえるようです。また、この学習の対象者は、本文では「童子女子」とありましたので「男子や女子」と言い換えました。江戸時代、女子には学問の必要がなかったように思われますが、「実語教」は男女どちらも学ぶことができたようです。日本全国のすべての藩がそうであったかは分かりませんが、少なくとも当時の出版社は男子も女子も「実語教」を学ぶ対象としてとらえているようです。なお「女実語教」という往来物もありますが、そうは普及していなかったようです。

実語教

山高《やまたか》きが故《ゆえ》に貴《たっと》からず、木《き》あるを以《もっ》て貴《たっと》しとす。人肥《ひとこ》えたるが故《ゆえ》に貴《たっと》からず、智《ち》あるを以《もっ》て貴《たっと》しとす。

（注解）　山は高いといっても草や木が生えていないはげ山であるなら、どうして貴いものでありましょうか。ただ草や木があるからこそ、草は牛や馬の飼料になります。また木は薪にもなります。材木にすれば住居にもなります。宮殿や高い建物にもなります。また自然の鳥や獣を養うえさにもなります。これを利用することによって、山が貴い理由になるのです。人もまたこれと同じです。とても体格がよくて人と見た目がちがっていても、士農工商などの仕事もろくにせず、自分の身を落ち着かせることもなく、生涯を送るような人は、実に価値のない人であり、鳥や獣にも劣る人であります。そうは言っても生まれながらに尊い人はいません。書物を読むにしたがって、習うことに応じて、智徳が身に付き、人としての道を行うことで、人として尊敬されるのが道理です。

コメント

ここが「実語教」の冒頭の句で有名な部分ではないでしょうか。山に樹があることの大切さを具体的に示し、人にとっては智徳が大切であり、そのためには勉強することが大切だと述べています。「絵入実語教」の挿絵では、高い山を背景に、ふくれた腹を出し、だらしのなさそうな太った男が横に寝そべっています。その傍らには本を持った子どもがいて、「ごろごろばかりして、ちゃんとしてよ」とからかっているかのような様子が描かれています。また「実語教絵本」ではそんな男を「酒嚢飯袋」（しゅのうはんたい）と表現しています。なおこの注解には「士農工商などの仕事もろくにせず」と「士農工商」の文言が出てきます。江戸時代の身分制度というより職業の種類として「士農工商」を扱っています。

富《とみ》は是一生《これいっしょう》の財《たから》、滅《めっ》すれば即《すなわ》ちともに滅《めっ》す。智《ち》は是《こ》れ万代《ばんだい》の財《たから》、命終《いのちお》われば、即《すなわ》ち随《したが》って行《ゆ》く。

（注解）　富とは金銀衣食住のことをいいます。これはみんな一生涯の財産でありますから、ただその人の生きている間を栄え華やかにし、物が自由に使えるまでのことです。もし、その身体が滅んでしまったら、すなわち一緒に消え失せてしまって、跡形もなくなるものです。

一方、智徳はこれに引き替え、本当に世代を超えて受け継がれる宝であります。昔、中国には堯舜（ぎょうしゅん）や禹湯（うとう）、文武、周公、孔子などの聖人がいましたが、その智徳を今の世の中にも伝え、政治をするものはこれを使って法令を下し、人々はこれを使って安心して平穏に家庭を守ることができます。これはみんな、智から生まれてくるものです。

白楽天の言葉にこうあります。

○金これ財にして終にもって他のものとなる。智、後の世の宝なり

（注解）　「お金、これは財産であるから、自分の身が終わってしまえば、他人のものになって

しまう。智は後世への宝である。」と言っています。これを会得しようと思うなら、書物を読む他にはありません。

○「大学に曰く、物格りて、而《しこう》してのち智至る。智至ってのち意（こころ）誠あり万物をあきらむるものは智なり。荀子曰く。是（ぜ）を是とし、非を非とす。是（これ）を智といふ。」

大学ではこう言っています。物に格（いた）って、智に至る。智に至った後、心が誠になり、万物を窮める者は智である。荀子にはこうあります。是を是とし、非を非とする。これを智と言います。

コメント

「お金はあの世には持っていけない。」と言いますように、いくらお金をためてもあの世には持っていけないものです。しかし、自分が残した知恵は、自分が亡くなっても後世まで残るものです。書物や発明品、芸術をはじめ文化遺産のほとんどは、残した人の業績として名を成し、過去から未来へと残っていくものです。「実語教絵本」では、我が身のための財産は、せいぜい二代目までで、その後は没落することが多いとして、中国の隋が文帝の後、二代目の煬帝の時に滅亡した例を挙げています。一方、「論語」に出てくる孔子の一番弟子の顔回は不幸とはいえ正しい道を行い、その名は後世まで語り継がれていることを挙げています。

白楽天は中国の唐の詩人です。その言葉にも、金銀の財産よりも、智の方が後世への宝となるとあります。「実語教」を学ぶときに、古今の具体的な例を説明していることが分かります。
このあと「大学に曰く、物に格りて…」とありますので、「大学」について説明します。「大学」は、「論語」などが含まれている儒教の四書五経のひとつとして有名で、儒教のエッセンスをコンパクトにまとめたものです。江戸幕府では儒教の中でも朱子学が重用され「大学」は武士階級だけでなく庶民も学んでいました。二宮尊徳が薪を背負って読書している像がありますが、その時に読んでいる本の一つが「大学」だと言われています。「物に格りて、而して智に至る」の部分は「格物致知」と言って、智（知）の意味を定義しています。天下を平和に治めるには、人としての修養が大切で、最終的には物事を究めることが智に至るとしています。また中国の荀子の言葉から「是々非々」の言葉をあげてこれを智と言っています。「実語教」には、「智」という文字がたくさん出てきますので、「智」の意味をここで定義しているのです。ただ、初めて学ぶ子どもたちにとっては、これらの解説はさぞむずかしかったことと思います。

玉磨《たまみが》かざれば光無《ひかりな》し、光無《ひかりな》きを石瓦《いしがわら》とす。
人学《ひとまな》ばざれば智《ち》なし、智無《ちな》きを愚人《ぐにん》とす。

（注解）　玉はもともと光がないもので、磨いていない玉の原石は、石瓦と同じようなものです。しかしながら玉作りを受けて、少しずつ磨きたてれば、玉の光が現れてくるものです。人もまた、それと同じで智は本来人が受けとるべきもので、天命からいっても正しい性質のものです。しかし学問の修行がないと、ただ物事に対して明らかにすることができず、愚かな知恵や知恵が足りず木や石ころと同じであります。このようなわけで人は、学問をすることで研ぎ磨かなければ愚か者になってしまいます。このような人は瓦や石と同じものです。

○礼記の学記の篇に曰く、玉磨かざれば器とならず人学ばざれば道を知らずとあり。

（注解）　礼記の楽記の編に玉は磨かないと器にならないとあり、人は学ばないと道理の道を知らないことになると言っています。

コメント

宝石の原石はただの石ころです。磨くことで初めて宝石になります。よい宝石にするには、よい原石を見つけ、高い技術をもって丁寧に磨かなければなりません。「実語教絵本」では中国の伝説の名君、舜の大聖も同じ人間であるが、その善なる心を磨くか、磨かないかで賢者となるか愚悪となるか決まるとあります。

ここでは「礼記」の楽記編から引用して「玉磨かざれば器とならず…」としています。引用もとの「礼記」は四書五経のうちの五経の一つです。五経は「詩経・書経・礼記・易経・春秋」の書物です。孔子やその弟子が編纂した書物で、儒教の教えの中で重視された書物です。「実語教」は平安時代初期に書かれたものですから、「玉磨かざれば光無し…」は、中国から伝わった「礼記」のこの言葉を参考にしたものだと想像されます。

また「光無きを石瓦とす」の「石瓦」とは、私としては「瓦礫」のことだと思います。江戸時代の注釈では「石瓦」をつまらぬ物のたとえとしていますが、「実語教」が書かれた平安時代初期はまだ「瓦」そのものは神社仏閣、宮殿にしか使われない高価なものであると考えられます。民家はほとんど藁や葦でふいた屋根です。ですから壊れた仏閣等の落ちて割れた瓦や石のことを「瓦石」、つまり「瓦礫」、役に立たないものと考えたがよさそうです。ただ「瓦石」でも「石」の方は磨けば「玉」に変わる可能性が残りますが、「瓦」は磨いても粘土のままです。あとの「実語教」の言葉と関係がありますので少しコメントが長くなりました。

倉《くら》の内《うち》の財《ざい》は朽《く》つること有《あ》り、身《み》の内《うち》の才《さい》は朽《く》つること無《な》し。

（注解）　倉の中にたくわえて置いた金銀財宝はいつかは使いつくされなくなるものです。贅沢に流されれば、自ら破産して失うものです。あるいは盗難にあったり、火災にあったりして財産を失うことも多いものです。しかし自分の身の内に蓄えた才能は生涯、枯れてなくなってしまうことはありません。

○孔子も富は屋を潤し徳は身を潤すとのたまえり。

（注解）　孔子は、富のような財産は形のある家を潤すもので、徳は自分自身を潤すものであると言っています。

コメント

「実語教絵本」では、「論語」の「不義にして富かつ貴きは、我において浮雲の如し」という言葉を引用して、平清盛の栄華が西海の波に消えたことを例にしています。一方、肘をまげて枕にして一汁の椀を楽しみにしているという顔回の例を出し、顔回の徳は天地を貴ぶのと同じほどであるとして、その徳が朽ちないことを示しています。

ところでこの「実語教注解」では「大学」に「富は屋を潤し、徳は身を潤す。」の言葉を引用して、富は家を潤すものの朽ちるものだが、徳は身を潤し朽ちることがないというように対立したものととらえています。しかし「大学」そのものには「富は屋を潤し、徳は身を潤す。心広く体ゆたかなり。故に君子は必ずその意を誠にす。」とあります。自分の意志を誠にすると、言い換えれば誠意をもってあたれば、財産も潤い、徳が高くなるとしています。ちなみに二つとも潤った姿を両潤というそうです。ただ、「不義にして、富は屋を潤し、徳は身を潤し」のように「不義」がつけば、両方とも朽ちてしまうようです。

千両《せんりょう》の金《こがね》を積《つ》むと雖《いえど》も、一日《いちにち》の学《がく》に如《し》かず。

（注解）　千両というたくさんの金をたくわえて、山積みにして置いたとしても、一日、勤めて学問して得た功能には及ばないものです。また、その学問の功能を積むためには怠けることがないようにして、夜もほんの少しの灯があれば、その時間も勉強に励むことが大切だといいます。

このようなわけで、明日があるから先延ばしにしようということはできません、光陰は矢の如しというように時はあっという間に過ぎ去ります。しかし自分のすべきことは先延ばしにはできません。

○淮南子に聖人は尺の璧（尺の玉）をとうとばずして、寸陰（すんいん）を重んずというもこの道理なり

（注解）　淮南子に、聖人は大きな珍しい一尺の玉をありがたく思わず、ほんの少しの時間を大

切にすると言っていますが、それはこの節の道理です。

コメント

千両の金が目の前に積んであっても、それよりも智を磨く勉強を選びなさいと言っています。「淮南子」は中国の前漢のころの書物ですが、そこにも大きな宝石を選ぶより、わずかな時間も惜しまずに勉強に励むことが大切だとあります。

この句のところには「実語教絵本」では、武田信玄の家臣の話が出てきます。家臣は臆病者で戦に出ては何度もすぐに帰ってきます。本来なら切腹ものですが家臣を大切にする信玄は、なぜ帰ってくるか原因を突き詰めていきます。するとその家臣には数代にわたる俸禄の金銀があり、それが気になって仕方ないから命が惜しくなって逃げ帰ってしまうようです。そこで信玄はその金銀を川に捨てさせます。すると臆病者の家臣は戦で人並みのはたらきをすることができたとあります。大金よりも自分の役目を果たす例として挙げています。

現在はゲームや遊び、スマホばかりに夢中で一向に机に向かうことができない子どもへの例えでしょうか。

兄弟《きょうだい》常《つね》に合《あ》わず、慈悲《じひ》を兄弟《きょうだい》とす。

（注解）　兄弟は親から血肉を分けたもので、ことさら親しみの深い間柄でありますが、兄弟の慈愛の道を離れてしまえば、常に志も合わず、ややもすれば怨みをかって、そしり合うことにもなり、兄弟別れすることも多くあります。

だから、兄としては弟を慈しむ立場に立ち、あわれな者を慈しみ、愛おしく思い、悲しむことが道理であります。

弟にしては、兄を敬い、尊いと思い、父母と同じように従順であるようにすることが道理であります。
○左伝に意（こころ）合うときは呉越も相親しみ、合わざるときは敵国となり終には国を失うの決戦となる恐るべきの道理あり
（注解）　左伝には、心が合うときは呉の国、越の国の者同士も相親しむのであるが、心が合わないときは、敵国同士となり、終いには国を失う決戦となるような恐ろしい道理があります。

コメント

「実語教絵本」では、この言葉のあとに、源頼朝の例を挙げ、兄弟は他人のはじまりとあり義

経・範頼が頼朝に追われる例を挙げています。一方、三国志の劉備玄徳・関羽・張飛の例を挙げ他人であっても兄弟の契りが一生続く例を挙げています。

「絵入実語教」では、「世話にもおととい（兄弟のこと）は他人の始まりと言えるがごとく兄弟は仲が悪くなるものであります。しかし兄弟ともに慈悲の心があればいつも仲良くなり、他人も兄弟のごとく親しくなる」とあります。

「実語教注解」でも「兄弟常に合わず」の意味は、互いに慈愛の心がなくなれば、仲が悪くなると言っています。

注解にある「左伝」は四書五経のひとつ「春秋」の注釈書と言われる「春秋左氏伝」のことです。引用の「呉越同舟」の話は正式には「孫子」が初出のようです。春秋時代の呉と越の民は仲が良くありません。たまたま、両国の民が船に乗ったとき、大風が吹き船が転覆しそうになります。いつもは仲の悪い国同士ですが、危機的な状況では互いに協力して難を逃れました。ふだん仲が悪くても危機的状況では助けあう故事として使われてきました。仲が悪い兄弟も、いざというときは助け合うということでしょうか。こんな故事が兄弟間にも使われるということは、江戸時代は、家督争いなどのため、兄弟愛がなくなる例が多々あったのではと想像します。現代も相続争いは、兄弟間の火種になりやすいものです。

「実語教」が書かれた時期は、平安時代の初期ですから、兄弟間の家督争いがどんなものであったかは想像がつきません。私としては「兄弟常に合わず」の意味は、兄弟だからと言って、常に一緒にいて頼りにできるものとはかぎらないから、他人の慈悲の心を兄弟にすべきだと解釈しています。

実際、この言葉は東日本大震災での人々の助け合いの心に通じるものです。東日本大震災では、津波に襲われ、親子兄弟が離れ離れ、あるいは死別する例がありました。兄弟がいなくて頼るあてがなくなったとき、近所や見知らぬ人たちが互いに助け合って支え合う姿に、「慈悲を兄弟とす」という言葉が生きていると思いました。そしてまた、同じ地震にあって被災した神戸市の皆さんが自分たちが助けられたことを恩に思い、次は自分たちがボランティアの協力隊として東北地方にかけつけました。同じような例が、台風や大水害、大地震の際に以前助けられたから、次は私たちが応援に駆け付けた事例がたくさんあります。「兄弟常に合わず、慈悲を兄弟とす」の言葉は、転変地異の多い日本にとって、日本人の心の奥に残っている大切な言葉ではないでしょうか。

財物《ざいもつ》は永《なが》く存《そん》せず、才智《さいち》を財物《ざいもつ》とす。

（注解）「財物」とは、金銀や衣服、住居、田畑、山林などの財産をいいます。「永く存せず」とは、いつまでも財産を保って、貯えて置くことが難しいと言っています。どうしようもない事態があれば、その時の主人の考え方によって、財産が亡くなってしまった例も数えきれないものです。しかし、才智は世代を超えた財宝で、このことを記録しておけば、いつまでも変わらない財宝となります。なんと楽しいことでしょうか。

コメント

この言葉は「兄弟常に合わず、慈悲を兄弟とす」と対を成す言葉です。いつも頼りにする兄弟と同じように、頼りになる金銀の財産は、いつもあるものとは限りません。本当に頼りになるのは、自分が身につけた才智であると言っていると思います。「実語教絵本」ではこれは前にある「倉の内の財は朽ちること有り、身の内の才は朽ちること無し」の意味を再び説いているとしています。

四大《しだい》日々《ひび》衰《おとろ》え、心神《しんしん》夜々《やや》に暗《くら》し。

（注解）　四大とは、地水火風の四つのことを言い、大といって物質を構成する大元素のことを言います。物質は地水火風から構成され、この四大の四元で一身の体が成り立つといいました。年を取り、このような四大がそれぞれ分離し、日に日に衰えていくと、体が疲れることが多くなります。そして、目も見えにくくなり、耳も聞こえにくくなり、心の状態も保持することが難しくなり、歩行もできにくくなります。

年老いると、日々がたつにつれて、秋の草木の葉が散っていくようにして跡かたもなくなるようなものです。

壮年の四大が健やかで元気なときは、よく習い、よく努力して、心の状態が良い時に学問を体得することができれば、物事の正しい道理を知り、明らかにすることができるものです。

コメント

「四大」という言葉はインドから伝わった仏教用語です。ウパニシャッド哲学に出てくる言葉で、人間の体は「地水火風」の四大元素によって構成されるとしていました。古代ギリシャでも同様の考え方がありました。現代科学では、生命の成り立ちはもっとたくさんの元素から構成されているものですが、「実語教」が書かれた当時は、インドや中国の影響を受け、人間の体は四大によって成り立つとしたのでしょう。その四大は、人が生まれて成長して、年老いていくまでの間、いつも同じように働くのではなく、活性化するときと、衰退していく時があるとしています。幼年期、少年期、青年期、壮年期、中年期、高年期のように体力や記憶力、思考力は年齢に応じて変化していき、最後は老化し衰えるものです。
「実語教絵本」では、「四大とはからだのことなり、心神とはこころのことなり」として、体は日々衰え、心は暗くなっていくと解説しています。そのあと「大学」からの引用で、「道を聞く学問をして明徳を明らかにするために、中国の聖人のように洗面器に『まことに日に新た、日々新たに、また日新たなり。』と刻み、毎日顔を洗うたびにそれを見て、身を清め、汚れた垢を洗うようにしなければならない。」と書いています。このように心身は衰えゆくものですから、時間の無駄遣いをせずに日々新たな気持ちで取り組むことを「実語教絵本」では解説に加えています。

幼《いとけな》き時《とき》勤《つと》め学《まな》ばざれば、老《お》いて後《のち》恨《うら》み悔《く》ゆると雖《いえど》も、尚《なお》益《えき》とする所《ところ》有《あ》ること無《な》し。

（注解）　幼い時とは人が生まれて十歳以下をいいます。これは、おおむねそういう意味です。人は幼少のころから学問を勉強しなければ、年老いた後、いかに恨んで、後悔しても何にもなりません。必ず人から学問がないとはずかしめを受けて、後悔することが多くなります。愚かな人の利益とするものは、金銭の利益であります。だから、つまらない人が深く人と交流するときは、甘酒のようにべっとりとした付き合いになります。しかし、金銭関係が壊れるとなると、仇敵のような関係になります。

一方、君子の利益とすることは、淡くて水のようなものです。互いに親しむときには、敬意を払って礼を守ります。これは利益となることが多いものです。

○司馬温公が勧学の歌に汝ら各々早く修せよ老いが来るのを待って、徒（いたずら）に自ら悔ゆることなかれといへり

（注解）　司馬温公が学問を勧める歌に、「子どもたちよ、それぞれ早いうちに学習しなさい。老いが来るのをまって、無駄にして自分から後悔することがないようにしなさい。」と言っています。

コメント

「実語教注解」ではこれまで「山高故不貴　以有樹為貴」のように五言の対句にたいして注解してきましたが、「幼時不勤学、老後雖恨、尚無有所益」の部分は「実語教絵本」「絵入実語教」では三句でひとまとまりにしているのでそれにならいました。原文の「実語教注解」では、「尚無有所益　故読書忽倦」の二句に注解がつけられていますで、まず利益について、愚人と君子の利益の違いを述べた後、読書をして学問する大切さに結びつけています。

故《かるがゆえ》に書《しょ》を読《よ》んで倦《う》むこと勿《なか》れ、学問《がくもん》に怠《おこた》る時《とき》勿《なか》れ。

（注解）このようなわけで学問の書を読んで倦まずたゆまず、怠ることがないようにしなさいとあります。

学問を学んで、わずかな時間も怠けることがないようしましょう。すべて芸事においても怠けることによって、荒れすさんでしまい、自分からあきらめ遠ざけるようなものでありますから、怠けおこたってはいけません。

○大学の序に曰く人生まれて八歳にして礼学射御書数の法を習わしむるとあり
（注解）四書にあります「大学」の序章には、人が生まれて八歳になれば、礼儀の学習や弓、馬の乗り方、書物を読むこと、算術の勉強を始めるとあります。

コメント

「故（かるがゆえ）に」と前段を受けて、幼い時から寸暇を惜しんで学ぶことが大切だと言っています。「実語教絵本」では、楠正成の行軍の様子を引用して解説しています。楠木正成は南朝の武士として戦いに次ぐ戦いを続けますが、眠る暇も無いようなときも夜には、灯火に書物を読み、家来を集めて聖賢の教えを説き、一日も怠り倦むようなことがなかったとあります。

ところでこの「実語教注解」では前段の「幼きとき勤め学ばざれば」を受けて、「大学の序に曰く…」と引用しています。これは、「智是れ万代の財…」で書きましたように朱子が四書五経の経典である「礼記」から、孔子の政治に関する教えをコンパクトにまとめてある箇所を抜粋して「大学」としたとき、その序文を書いて「大学章句」としました。今解説しているこの「実語教」やそのあとに学ぶ「童子教」と「大学」も一緒にした寺子屋の往来物（テキスト）が多くあり、「大学章句」がその序として載っています。そこには、「人生まれて八歳になればすなわち、王公より以下、庶人の子弟に至るまで皆小学に入り、これを教えるに洒掃（ふきそうじ）応対進退の節、礼楽射御書数の文をもってす。」とあります。学習内容として、掃除や客との応対や部屋への出入りの仕方など、礼儀、音楽、弓、御車（馬の乗り方）、書筆、算数がその教科として挙げられています。王や貴族だけでなく、庶民も勉強し、掃除や礼儀作法と各教科を八歳から学ぶように勧めていいます。ちなみにアメリカやヨーロッパの学校には掃除の時間はありませんが、日本に掃除があるのは、この教えに従っているからだと私は考えます。また、この礼儀や学問の基礎にあたる学問を「小学」として朱子はまとめました。この「小学」を学んだ後、優秀なものは「大学」を学ぶことになりました。

眠《ねむ》りを除《のぞ》きて通夜誦《よもすがらじゅ》せよ、飢《う》えを忍《しの》びて終日《ひねもす》習《なら》え。

（注解）　夜は眠りをとるべきものではありますが、眠りを除いてと言うのは、夜は絶対眠ってはいけないという意味ではありません。勉強を怠けてはいけないという意味であり、ただ学問の道をよく勤め、努力しないさいと言っているのです。通夜に誦せよというのは、日の暮れから明日に至るまでの時間のことです。

飢えを忍んでというのは、食事をしないで勉強をしなさいという意味ではありません。食事は人が生きていくうえでは、是を断つことはもっとも難しいことです。これは、食事の時間を後回しにしてもよいという意味です。終日（ひねもす）習うという意味は朝の日の出から、夕暮れに至るまでの時間のことをいいます。

コメント

高校や大学入試ばかりでなく、中学校や小学校、そして幼稚園まで試験勉強が必要です。また公務員になるのにも試験勉強が必要です。また資格を取ったり、上級職についたりするためにも試験がありますし、何よりも新しい分野にチャレンジするためにはとにかく勉強が必要です。

勉強するには、長時間の集中力が必要です。「実語教」では、眠けを我慢し、ひもじくても我慢して勉強するようにと言っていますが、「実語教注解」では、怠けずにすることの意味で解説しています。

「実語教絵本」には、中国では針を服の上からを刺し、眠りを覚まして文を読んだとあります。「実語教」の後に学ぶ「童子教」には苦労して勉強する中国の例がたくさん載せています。

また、「実語教絵本」では、この言葉の後に「書物は聖賢の教えを残したものであるから、男女ともに読まなければならない。」と書いてあります。「実語教注解」の序文にありましたように、ここでも男子も女子も勉強することを勧めています。そのあとに「論語」からの引用があり、「行いて余力あらば、以て文を学ぶ」とあり、家業を疎かにして勉強するのではなく、家業を行い、もし余力があれば寸暇を惜しんで学問をしなさいと書いています。

私は二宮尊徳が、幼くして田畑を失い、両親を亡くし、伯父に預けられたときのことを思い出します。昼は一生懸命伯父の仕事を手伝いますが、夜は勉強しようとします。しかし「油がもったいないから、夜は勉強するな、そんな時間があれば縄でもなえ」と伯父から叱られます。そこで、菜種を植えて油をとり、夜は縄をなったあと、こっそり隠れて朝、鶏が鳴くまで勉強します。「余力有れば、文を学ぶ」を超人的に実践していました。

師《し》に会《あ》うと雖《いえど》も学《まな》ばざれば、徒《いたずら》に市人《いちびと》に向《む》かふが如《ごと》し。

（注解）「師に会うといへども学ばざれば」とは、人々が立派な先生に会い、よくその先生から教えられても、学ぶ心がその時なかったら、御馳走を食べてもその味わいが分からないようなものだと言っています。市人というのは、商人の意味です。人が立派な先生に会ったとしても学ばなければ、ただ商店街に出て人々に会うようなもので、実に無益で、甲斐のないことです。

コメント

「実語教絵本」では、「論語」からの引用で「三人行くときは、皆わが師なり。善き者を見てはこれに習い、悪しき者を見てはこれを改む」とし、心の持ち方次第で人は誰からでも学ぶことができるとしています。しかし、学ぶ心がなければ先生に会っても、商店街の人込みの中を往来して人に会うようなもので不学不能の人に向かうようなものであるとしています。

昭和、平成の知の巨人と呼ばれていますす故渡部昇一は、鶴岡第一高等学校の恩師、佐藤順太先生から多大な影響を受け、英語学者となり、古今東西の幅広い知識と独特な発想で日本保守思想の牽引者となった方です。その渡部昇一がクラス会でその当時の同級生と佐藤順太先生のことで語ったときのことです。佐藤順太先生のことを同級生は「そういえば、そういう先生もいたよな」と話す程度で、ほかの生徒には先生の印象は薄かったと書いています。佐藤先生は、英語の教師ではありましたが和洋漢の充実した書籍をもつ教養の深い先生でした。戦後の英語教員不足の時代、隠居中の身でありましたが臨時任用された教師でした。授業ではシェイクスピアがテキストとして用いられ、渡部昇一は最前列で授業を受けます。しかし他の生徒は内職したり、中には弁当を食べたりしていた生徒もいたそうです。「師に会うと雖も学ばざれば…」の句がまさにあてはまる例です。

習《なら》い読《よ》むと雖《いえど》も復《ふく》せざれば、只隣《ただとなり》の財《たから》を計《かぞう》るが如《ごと》し。

（注解）　一度、学問を習って、読んだりしても、その意味をよくつかんで、何度も繰り返し復習することを心がけなければなりません。人々が書物を読んだとしても、内容の良し悪しを考えず、その意味をよく考えないときは、ただ、隣の家のお金を数えるようなもので、何の利益もないもので、無益なことです。

○論語に「学んで思わざれば則ち罔（くら）し」とあり。思いて学ばざれば危うし。この義をよく心得（こころう）べし

（注解）　論語に、勉強しても自分で考えようとしないなら、道理は明らかにはなりません。勉強したいと思ってはみても、実際に学ばなければ行動が危なくなります。この言葉の意味を心得てほしいものです。

コメント

試験勉強をするときに、数多くの問題集を買って、一度だけ解いてみるのと、同じ問題集に何度も当たって、確実に解答ができるようにするか。どちらがよいかと問いかけられているようです。天才なら一度の勉強でいいかもしれませんが、私のような凡夫が理解し、実践につなぐには、繰り返し勉強しないと身に付かないようです。「実語教」や「大学」は、読書百万遍自ずから通ずと言われていました。二宮尊徳もきっと薪を背負いながら「大学」を何べんも繰り返し読んでその真意が分かったのではと想像します。

「実語教絵本」では、「論語」から「古（いにしえ）の学者は我がために学び、今の学者は人のためにす」と解説しています。昔の人は自分の修養ために学問し、今の学者は人から名声を得るために学問していると言っています。まさに隣の財を数えるが如しです。

君子《くんし》は智者《ちしゃ》を愛《あい》す。小人《しょうじん》は福人《ふくじん》を愛《あい》す。

（注解）　君子というのは、徳のある人を言います。また地位が高い人も君子といいます。このように二つの意味があります。しかしながら、位の高い人も、一般庶民の人たちが安心して暮らせるために自分の身を慎んで、ものごとの正しい道を大切にしなければなりません。徳があるというのは、財産が豊富にあるという意味ではありません。智徳というようなものです。徳があるというような人は、知恵がある人を大切にし、金銭の利益のためにはしない人のことを言います。国家を治めて、国民が安心して暮らせることを願うようなことを基本にして考える人のことです。

小人というのは、ものの道理を知らない愚かな人のことです。このような人は、一時の間も、金銭の欲に走り、いつも私利私欲を第一にします。だから金銀をたくさん貯えている福の神がついているような裕福な人を見ると、自分が役に立つように心がけ、こびへつらうような心の賤しい人を言います。

コメント

君子と小人の比較、智者と愚人の比較が「実語教」にはよく出てきます。

君子と小人のちがいは、論語にもよくあり「君子は周して比せず、小人は比して周せず」（君子とは交わるべき人と広く親しくし、小人とは偏って人を選び、仲間内を作ってしまう。）のような言葉があります。「実語教」は、「論語」をはじめとする儒教から影響が多くみられます。「実語教絵本」には、「君子は智ある者を選んで友となし、小人は富裕の人を見ては巧言令色して寵を求む（気に入られようとする）」とあります。

さらに「実語教絵本」では、吉田兼好の「徒然草」から「殿守の　とものみやつこ　よそにして　はらわぬ庭に　花ぞ散りしく」という歌を引用しています。歌は、花園上皇が後醍醐天皇に帝を譲位した後は、だれも院を訪れる人がいなくなり、庭の掃除をする人もいなくなってしまい、庭には花が散っていると嘆いて歌を詠まれたとあります。肩書がなくなると欲のある人々は離れていく例として挙げています。

富貴《ふうき》の家《いえ》に入《い》ると雖《いえど》も、財《ざい》無《な》き人《ひと》の為《ため》には、
猶《なお》霜《しも》の下《した》の花《はな》の如《ごと》し。

（注解）　富貴の家とは金銀財宝がたくさんある家をいいます。
または尊く高い位にある人をいいます。このような家の門をくぐって家に入ってみても、財産がもともとない人は、霜の下にある花のようなもので、地面に出て咲くことはありません。しかしながら君子のような人が、物事の道理を守り、聖賢の道をよく人々に説教しても、小人のような人は、かえってこれを賤しく思っておろそかにするものです。

○論語に曰く、不義にして富且つ貴きは我において浮かべる雲の如しとのたまふなり。されば有徳の君子より富貴の人を見れば却って霜の下の花のごとく日に向かう氷の如くあさましきものなり。

（注解）　論語ではこう言っています。「理を踏まずに財産が富み、身分に高い人を、私は空に浮かんでいる雲のようなものだと思う。」と言っています。このように、徳がある君子の立場から、富がある人を見ると、かえって霜の下の花のように、温かい日差しに向かう氷のようなもので見苦しいものであります。富貴の家とは金銀財宝がたくさんある家をいいます。

コメント

「実語教絵本」では、たとえ富貴の家に生まれたとしても、才智がない愚かな人ならば、たちまちのうちに親の産業を乱して、身代をつぶすことは、桜の花や牡丹の花が霜にあって消失するようなものだとしています。論語からの引用「不義にして富且つ貴きは…」の言葉が当てはまるような解説です。

貧賤《ひんせん》の門《かど》を出《い》づると雖《いえど》も、智《ち》ある人《ひと》の為《ため》には宛《あたか》も泥中《でいちゅう》の蓮《はちす》の如《ごと》し。

（注解） 財産が乏しいことを貧しいといいます。位のないことを賤しいといいます。しかしながらどれだけ貧しく位の低い貧しい家の出身であるといっても、知恵がある人は、桜の花の木々が他の花にすぐれているようなものであります。「宛も」と云う意味は、目の当たりと云うことであります。泥中の蓮（はちす）は、泥の中のはすの花のことをいいます。こういったことは例えば、位の低い身分に生まれたといっても、才能、または智徳のある人は愚かな人々の欲に引かれることもなく、自ら正直を守り、本当に泥の中で生えている蓮のように、清らかであることをいいいます。

コメント

ここでは、清貧の美徳があげられます。「実語教画本」では、孔子の弟子の子路の人物像が紹介されます。「破れたる縕袍（うんぽう）を衣（き）て、孤貉（こかく）を衣（き）たる者立ちて恥じざる者、それ由（子路のこと）なるかな。」と孔子は評しています。破れた綿入れのようなみすぼらしい服を着た子路は、狐などの毛皮の服を着た人の横に立っても、恥ずかしいとは思わない。これは子路のことであるとその徳を孔子は讃えました。貧しくとも、人徳が高いことを善しとしています。

「実語教絵本」の著者は、中沢道二という人物で石門心学を始めた石田梅岩の弟子です。石門心学は江戸時代中期から盛んになった学問で、もとは商人にも道徳の必要性を説き、神道、仏教、儒学のよいところをとって教えた学問です。石門心学はだんだんと全国に広がりますが、中沢道二は弟子の中でも武士に石門心学を伝えた人物と言われています。「実語教絵本」の解説例に源氏や平家の例が多いのは武士の子どもたちに向けての解説書だったかもしれません。

父母《ふぼ》は天地《てんち》の如《ごと》し。師君《しくん》は日月《じつげつ》の如《ごと》し。

（注解）　父母を天地に例えていることは、天は陽気をつかさどり、一切のありとあらゆる万物を照らしておおい、育てるものであるからです。これを父とするのである。また地は、陰をつかさどり、一切の万物を養い育てることは、母が赤子をふところに抱きいれているようなものでありますから母というのであります。

師は師匠のことです。君は君主のことです。これを日月（じつげつ）に例えているのは、人々は貴賤にかかわらず師君に仕えれば、尊ばれるような人に仕えることで、これに過ぎるようなことはありません。だから日と月にたとえているのです。

○易に乾（けん）は天なり故に父と称す。坤（こん）は地なり故に母と称するなり。

（注解）「易経」では「乾」は天のことであるから父と称しています。「坤」は地のことで、母と称しています。

○説文に君を尊ぶと訓ず。師君と兼称する。故に日月を以ってたとふるなり。

（注解）「説文解字」の辞典に「君」を尊ぶと読むとあります。師君と兼ねて称しています。だから日月を使って例えているのです。

コメント

引用のある「易」は「易経」のことで「五経」の一つです。「易経」には、「当たるも八卦当たらぬも八卦」と言いますように、中国の古代から伝わる占いでもあります。「乾坤一擲」

（けんこんいってき）と言いますように、運を天に任せる時の言葉ですが、その「乾坤」のうち「乾」が「天」で「坤」が「地」を意味します。また「乾」を「陽」、「坤」を「陰」とし、万物は「陰陽」の相互作用によって形成されるとあります。父母を「天地」にたとえるのは、父母がなければ子は生まれません。父母が存在することによって、自分があることを自覚するために、万物の根源である「天地」に例えているのでしょう。

「実語教絵本」では、「父母」がいなければ生まれず、「君」がいないならば、仕事についていくことができない。「師」がいなければ「知る」ことができないとしています。「父母」は万物を生みだす「天地」の徳にたとえて、「君」と「師」とを万象を照らす「日月」に比べるのはもっともなことであるとしています。「君」が「日」で、「師」が「月」になっています。このあと「家臣は主君を親しみ、敬うことは、子どもが父に仕えるようにするものですが、君臣の関係は同体で、片時も離れることはなく、死生存亡をともにすべきもの」としています。武士の君臣の関係は、親子の関係よりもさらに深くなるようです。

親族《しんぞく》は譬《たとえば》葦《あし》の如《ごと》し。夫妻《ふさい》猶《なお》瓦《かわら》の如《ごと》し。

（注解）「親族」は親戚のことで、ある一門の人々のことをいいます。族類というような一族のことです。「葦の如し」と云うのは、前に父母を天地に例えたように、また師君を日月に例えたようにと例えています。しかし親族は数が多くこれらとは違っています。それで葦に例えられているのです。葦は芦と同じです。今の農家は、芦を使って屋根をおおっています。前にくらべると数は多いですが軽いものです。先祖からその子孫まで家を断絶せずに保つように家をおおうものであります。だから、この例えを引くことによって、祖先を尊敬するようにと言っています。

夫妻（ふさい）は夫婦（ふうふ）という意味です。「瓦の如し」とは、前の文で言った言葉と同じような意味であります、瓦は屋根をおおうものです。よく家をまとめ、治めるのは夫婦でありますす。だからこれを瓦に例えているのです。芦に例えてあるのと同じ意味になります。

コメント

親族を葦に例えるのは、「絵入実語教」では、葦は多く生じるもので、数が多い例えとあります。「実語教絵本」では、葦は、生い茂りたくさんあるものであるが、もとは同根で他姓ではない。互いに離れがたい血筋であるとしています。

葦がたくさんあることのたとえを両方とも書いていますが、その効用についてはありません。

一方「注解実語教」には、葦は、屋根を覆い家を保つものとして、祖先を大切にすることを挙げています。葦は数が多くて軽く、たくさんあっても役に立たないもののたとえとする解説もありますが、束ねて重ね、屋根をふくことで家を守るものとしてあることと解釈する方が納得できそうです。

「父母」「師君」「親族」のたとえの後に来るのが「夫婦」です。「夫婦」は「瓦」にたとえています。「瓦は価値のないもののたとえ」とも国語辞典にはあり、いやしいものとしてたとえられていて、「絵入実語教」では、「父母」「師君」と比べれば瓦のようなものだとしています。

「実語教絵本」では、夫婦はもともと同根ではなく、義をもって集まったものであるから、一度離れると、瓦が砕け散ったようなもので、また集まることはないとしています。割れた瓦を元に戻すことはできないと言っています。これはこれで一理あるところです。「光なきを石瓦とす」で書きましたように、瓦礫になってしまえば、役に立たないものとなってしまいます。

しかし、「注解実語教」では、ここでは瓦は家を守るものとして位置づけられ、暑さ寒さ風雨をしのぐものとして夫婦がたとえられています。「瓦」はもともと奈良時代から平安時代初期は一般には普及していない高価なものと考えられますから、一概に「価値のないもののたとえ」とは思えないものです。逆に「実語教」が普及することで「瓦は価値のないもののたとえ」という考え方が普及したのではないかと私は想像します。なお、「夫婦」のとらえ方ですが、当時は「万葉集」が成立して百年も経っていないときですから、その当時の庶民の恋の歌に見られますように、江戸時代や現代の夫婦観とは異なることが想像されます。そのうえで、「夫婦は猶瓦の如し」を当時の文化に基づいて正しく解釈することが必要だと考えます。

なお、「夫婦」というものは、瓦のように暑さ寒さ、風雪、嵐などの自然災害から家を守るように、互いに協力して、父母、子どもを守り養っていくものです。そして自分たちが年老いた時、今度は自分たち夫婦が子どもや孫から「天地」のごとく尊敬されるものではないでしょうか。夫婦喧嘩をすることはありましょうが、瓦が砕け散るまでエスカレートしないようにしたいものです。

父母《ふぼ》は朝夕《ちょうせき》に孝《こう》せよ。師君《しくん》は昼夜《ちゅうや》に仕《つか》えよ。

（注解）　父母は特に尊敬すべきものの一番目になります、この孝の字の意味は、なかなか一朝一夕に解くことは難しいものです。論語にもこの問いの答えは相手によって異なっています。ただ、およその意味は、父母のいう言葉に従うこと、他の場所に行くときは、どこに行くか父母に告げること、また家に帰れば、帰った報告をして父母を安心させることが大切です。もし余裕があれば孝経や論語を読み、それによって行動することですと言っています。

父と師と君とは、みなこの人によって生まれ成長した姿です。そうであれば死を以って恩に報いるべきものです。

○晋の大夫欒共子（らんきょうし）曰く、民は三に生ずこれに事（つかふ）ること一つの如くし、父これを生じたまひ、師これを教たまひ、君これを食（やしなひ）たまふに父にあらざれば生ぜず。食にあらざれば長せず。教にあらざればしらず。故に是を一つ取る。恩の深きこと同じ。

（注解）　晋の大夫である欒共子の言葉にこうあります。「民は三つによって生まれます。これに仕えることを同じ一つのものとします。父によって人は生じるものであり、師によって人は教え育てられるものであり、君によって人は雇われ養われるものであります。父がいなければ生まれず。仕事がなくて食べることができなければ長く生きることはできません。教えを受けなければ知識はありません。だから、これを一つのものとしているのです。恩の深さはみな同じです。

コメント

この句のすぐ前に「父母は天地の如し　師君は日月の如し」とありました。それを受けて、父母には朝夕親孝行し、師君には昼夜に渡って奉公するようにとあります。

注釈の中に「余裕があれば孝経論語によって行動しなさい」という言葉がでています。孔子の「論語」は有名ですが、「孝経」も江戸時代は大切にされた経典です。まずは親孝行について詳しく述べられ、その発展として世間に出た時の自分が学ぶ先生や仕える君子に対してのあり方が述べられています。「孝経」にも「孝経絵本」のような子どもたちにもわかりやすく父母への孝行や君子への奉公について示されています。私は「絵本大学」とか「絵本中庸」はみたことがありませんので、「絵本孝経」があるということは、当時の子どもたちの教育の中でも「孝経」は特に重視されたものであることが分かります。

友《とも》と交《まじ》わりて諍事《あらそうこと》勿《なか》れ。

（注解）　また友とは、いつも親しく交わりを深くしている人をいいます。しかし、小人の友との交わりは、利益を目的にしますから、争いに発展しがちです。また君子の交わりは、道理によるものですから、四海兄弟（よもはらから）のようなものです。

○孔子も晏平中（あんぺいちゅう）善く人と交ること久にして是を敬すとのたまへり。

（注解）　孔子は、晏平中を例に挙げ、晏平中は、善く人と交流するが、ずっと人を尊敬して交流し、交流する道を心得ていて、なれあいになることがなかったとあります。

コメント

ここでは友人との関係について書かれています。現在の学校では同学年の子ども同士の人間関係が子どもたちにとって大切な要素です。友情や親友という言葉が重視されています。実語教が書かれた時代は平安初期です。現在の学校はありませんので勉強の上で友人の存在はどんなものであったかは分かりません。しかし、江戸時代の寺子屋で学ぶ場合は子どもたちのそれぞれの進度に沿った個人課題が主でしたので、現在のような一斉授業で学習を進めていませんし、家庭によって寺子屋に行く時間は異なっていましたから、現在の学校のイメージとは随分異なっていたことと想像します。そのような寺子屋の中でも、一緒に学ぶ子どもたち同士で争いごとをするのはよくないと書いています。ところで子ども同士の喧嘩では、ボールの取り合いで喧嘩になることもよくあるものです。小人は利益になることを目的にしているから争いごとに発展しやすいと解説していますので、確かにそういうことがあるものです。

しかし、大人の場合の争いごとの多くも、自分の利益に関することが多いものです。自分の財産が少しでも減るようなことや不利益になることがあれば、激昂する人がいるものです。

ところで「実語教注解」では、「論語」の晏平中の例をあげて友との交流の在り方について書いています。晏平中は友人と交流する時は、常に友を尊敬し、なれ合いになることがなかったとあります。このことについては、渋沢栄一が書いた「論語講義」に具体的な例があります。渋沢栄一は日本近代の産業の多くを創業した人物です。その渋沢栄一が晏平中のような人物として、第一銀行（現在みずほ銀行に承継）の頭取佐々木勇之助氏を挙げています。渋沢栄一が第一銀行を明治六年に開設した時、佐々木氏はその為替方を取り扱う御用方でありました。珠算が達者で有能な人でありましたから、帳簿課長に昇進し、その後支配人心得となり、大正五年に頭取となります。その間四十年あまり、渋沢栄一とはいつも顔を合わせる長い付き合いがありました。通常、長い付き合いになると馴れ合いになりやすいものです。しかし、渋沢と佐々木の関係は、毎日会っても「相変わらずお早くって…」のように、常に互いに敬礼を交わした後、本題に入ったそうです。「久うしてこれ敬することを忘れなかった賜（たまもの）である。」と渋沢自身が評しています。

己《おのれ》より兄《あに》には礼敬《れいけい》を盡《つ》くし、己《おのれ》より弟《おとうと》には愛《あい》顧《こ》をいたせ。

（注解）　自分より目上の兄にあたる人には礼儀をもって、敬い尊重することは、父に次ぐものであります。

また自分より年下の人には、弟にするように、愛おしくかわいがることが道理であります。
○字彙（じい）に愛は憐みなり。顧みる思ひ念（おも）ふの義なり。
（注解）　字彙という辞典には、愛は憐みの意味とあります。顧みて思い念じるの意味です。

コメント

目上に対しては、父のように尊敬し、自分より年下の者には弟のように愛しくかわいがるようにとあります。中学、高校、大学となりますと上級生のうち先輩風を吹かす人が中にはみられるものです。先輩だから尊敬を受ける対象であり、下級生には「俺の言うことを聞け」という意識かもしれません。年齢や学年による上下関係は儒教からきているかもしれません。しかし、そのくせ先生に対しては横着な物言いをする者もいます。「師君は日月の如し」とありましたように、先生は尊敬すべきものとしてありますが、戦後はそうではなくなったようです。

古くなりましたが学園闘争などを経て先生の地位は下がり続ける一方です。しかし、先輩後輩の間柄は、先輩は威張っていいような風潮はいつまでも残っているようです。自分に都合のよいものは、普段嫌っている儒教的な上下関係でも残しているようです。しかし、実語教のこの言葉には、目上にも年下にも大切にしようとする心がけが大切だとあります。

人《ひと》にして智無《ちな》き者《もの》は、木石《ぼくせき》に異《こと》ならず。人《ひと》にして孝無《こうな》き者《もの》は、畜生《ちくしょう》に異《こと》ならず。

（注解）　人として生まれて、木や石のように心のないような人間では生を受けた甲斐がないものです。人として知恵を身につけることで、よくものの道理を語ることができるものです。人道の交わりがあっても、木石と変わらないことをすれば家畜や獣にも劣る存在になります。だから人の道を知ろうと思ったなら、学問をするしかありません。

また人の道を知れば、父母を尊敬するのは、孝の道ですから、人間として一番大切な道理があります。孝を知らない人は畜生にも劣る存在です。

「鳥には百日の孝あり。」「鳩には三枝の礼あり。」という言葉があります。

鳥は、親に育ててもらった百日目には、子が食べたものをかみ砕いて、親に食べさせて恩に報いるとあります。

鳩の子は、木の枝にとまる時は、親鳥より枝三本分下がって止まり、親を敬うと言います。まして人間ならば、親孝行を知らない人はいないはずです。

○白楽天が曰く。人木石にあらず。皆情ありといひしも人たるの道を知らねば木石にことならずといへり。

（注解）　白楽天の言葉にこうあります。「人は木石ではありません。皆、情があります。とはいえ、人としての道を知らなければ、木石に異ならない。」と言っています。

コメント

「木や石のように心がないような人は」と解説にはありますが、「実語教絵本」では「葵は日に向かいては葉を傾けて根をおおう、愚人は我が足もとの暗きを知らず」と引用して、植物でさえ工夫して日光を遮って乾燥を防いでいるのに、愚人は自分の足元のことにさえ気が付いていないと書いてます。愚人は植物にも劣るということです。

また、引用されている言葉の白楽天は唐の詩人の白居易のことです。「実語教」が書かれた当時は、遣唐使の派遣された後の時代であります。平安時代は白居易の詩が日本の貴族の間で流行したと言われています。「人木石にあらず」の言葉を作者が知っていて、「実語教」に引用したと想像されます。

後半の「人として孝無きは畜生に異ならず」では、中国のことわざから鳥の例を引いて、鳥も子は親を敬い、孝行する例を挙げています。「実語教絵本」でも同じ例を挙げていますので「鳩に三枝の礼あり、烏に反哺の孝あり」などの言葉は江戸時代にはよく知られていたことわざだと考えられます。

三学《さんがく》の友《とも》に交《まじ》わらずんば、何《なん》ぞ七覚《しちかく》の林《はやし》に遊《あそ》ばん。

（注解）　この句は、仏典からの説を出しています。

三学とは。戒・定・慧の三つのことを言います。この三つを学ばなければ、悟りの境地に達することは難しいと。くわしくは、翻訳名義（みょうぎ）などの仏典にあります。

七覚とは梵語では、菩提ということばです。これを七菩提分といいます。一番目は念覚、二番目は釈法覚、三番目は精進覚、四番目は喜覚、五番目は軽安覚、六番目は定覚、七番目は捨覚です。くわしくは阿弥陀経にその注釈があります。

この意味は、三学の修行をしている友と親交がないならば、どうやって七覚をさとりかなえることができるかという意味です。

林とは、ただ多いという意味です。遊ぶというのは、友にしてよく交わらなければ、七学の意味を語ることは難しいということです。

コメント

この句から八句は、仏教に関する言葉です。この「実語教注解」の序文で「もっとも仏教の経典から根拠になる文章を引き出して創作したものです。」とありましたが、具体的に仏教の経典から引き出しているのは、これからの八句のみです。「実語教絵本」では、「三学七覚四等八苦八正道十悪などは佛学より出た言葉であるから、意味深長で俗人のためには説く必要がない」と書かれ、この部分の詳しい解説はありません。「実語教」のこれまでの句は分かりやすいですが、この八句は仏教の基礎知識がないとわかりにくい部分です。

まず三学の戒・定・恵は、戒（いましめを守ること）、定（心を平静にすること）、恵（正しい智慧を悟ること）としています。

次に「実語教注釈」には「七覚とは七菩提分のこと…、くわしくは阿弥陀経にその注釈があります。」と解説しています。浄土真宗では「阿弥陀経」が法事の際によく読経されますが、「阿弥陀経」の中に「極楽浄土では種々の鳥が昼夜六時に集まり、和雅（わげ）の音を出し五根、五力、七菩提分、八聖道分の法を演暢（えんちょう）する」とあります。ここにでてくる「七菩提分」について本願寺出版の「浄土三部経」ではさとりを得るための七種の行法として、①念覚支（心に明らかに思いとどめて忘れない）、②択法覚支（智慧によって法の真偽を選択する）、③精進覚支（一心に努力する）、④喜覚支（法を楽しみ喜ぶ）、⑤軽安覚支（心身が軽やかで安らかである）、⑥定覚支（心を集中して乱さない）、⑦捨覚支（心の興奮や沈滞がなく平静である）と注釈をつけています。

実語教が書かれた当時の仏教知識の深さや広さを感じるとともに、当時の初学の子どもたちには難解すぎるものであったことと想像します。

実語教が書かれた当時の仏教知識の深さや広さを感じるとともに、当時の初学の子どもたちには難解すぎるものであったことと想像します。

四等《しとう》の船《ふね》に乗《の》らずば、誰《たれ》か八苦《はっく》の海《うみ》を渡《わた》らん。

（注解）　四等とは、慈・悲・喜・捨の四つをいいます。四無量心とも言います。楞伽（りょうが）教に、一つは字等、二つ目に語等、三つ目に身等、四つ目に法等とあります。菩薩佛の慈悲は、慈・悲・喜・捨の四つとも等しいので、四等とも言います。

八苦とは涅槃経にあり、一番目に生苦（しょうく）、二番目には老苦（ろうく）三番目には病苦、四番目には死苦、五番目には恩愛別苦、六番目には所求不得苦（しょくふとくく）七番目には怨憎會苦（おんぞうえく）八番目に五陰盛苦（ごいんせいく）です。

本文の四つの心である四等の修行を船に例えて、八苦を海に例えて、慈悲喜捨の平等の大船にのらなければ誰が人間八苦の生死の海を渡ることができようかとなるのです。

この段は菩薩の憐みによって苦しみを逃れ、楽を求めることを言っています。

コメント

四等という言葉は慈・悲・喜・捨のことで慈（他者への慈しみ）、悲（他者へのいたわりの心）、喜（他者と喜びを分かち合うこと）、捨（他者への偏見を捨てて平等にみること）を表します。慈悲の言葉は、「慈悲を兄弟とす」の句で出てきました。この後の実語教の句にも慈悲喜捨と同様の意味の言葉が出てきます。

一方、八苦の方は、四苦八苦の語源です。四苦が生老病死です。八苦はその四つに、愛する人との別れの苦しみ、欲望が満たされない苦しみ、恨みや憎しみからくる苦しみ、心身から生じる苦しみを加えたものです。四苦八苦はなんとなく使っているものです。

八正《はっしょう》の道《みち》は広《ひろ》しと雖《いえど》も、十悪《じゅうあく》の人《ひと》は往《ゆ》かず。

（注解）　八正とは、「大本経」（だいほんきょう）によると正見、正思惟、正語、正業、正命、正精進、正念、正定で、これを八正道分といいます。くわしくは「四教儀集解」に注釈があります。前の段の七覚とこの八正を修行することが、佛の道です。十悪とは、四十二章経に身・口・

意の三つあり。身に殺生（せっしょう）と偸盗（ちゅうとう）と邪淫（じゃいん）との三つを言います。口の四つとは、両舌（二枚舌のこと）と悪罵（ののしること）と妄言（でまかせをいう）と綺語（きれいごとを言って相手をあざむくこと）との四つを言います。意（こころ）の三つとは、嫉み（ねたみ）と瞋恚（いかりうらむ）と愚痴（ぐち）との三つをいいます。この十悪を作るものは、八正道が等しく広がっているとはいっても、行くことができないという意味です。

コメント

ここも初学の子どもには難しいところです。八正道とは、注解をもう少し説明すると、正見（正しく見ること）、正思惟（正しい思惟）、正語（正しい言葉づかい）、正業（正しい行い）、正命（正しい生活）、正精進（正しい努力）、正念（正しい憶念）、正定（正しい精神統一）のことです。

十悪については、注解にありますように身（身体が引き起こす悪）、口（言葉が引き起こす悪）、意（心の持ち方が引き起こす悪）についての悪があげられています。それにしても言葉の悪が数としては多く、口は禍のもとと言われる所以です。

ところで七覚の解説で使った七菩提分とともに、「阿弥陀経」の中にも、極楽浄土で鳴く鳥たちの鳴き声に八聖道、言い換えると八正道の言葉もあります。仕掛け時計で定刻になると小鳥たちがさえずるようなものなのでしょうか。鳥のさえずりが説法なら、春のウグイスの「ホーホケキョ」（法法華経）は極楽からの贈り物といってもいいかもしれません。

無為《むい》の都《みやこ》は楽《たの》しみありと雖《いえど》も、放逸《ほういつ》の輩《ともがら》は遊《あそ》ばず。

（注解）　無為とは、梵語に涅槃ということだとあります。華厳経の中に為は作とあります。このように考えれば、無為は生滅です。すなわち字義は、なすことなしという意味です。「舜という天子は無為にして、天下を治める」とあります。ここのところは有意（うい）を離れ、無為の都に至るということです。

しかしながら、「放逸の輩は遊ばず」というのは、放逸は自分の心に任せて、悪事をほしいままにして、自分の思うままに楽しみ、佛法の掟に背くようなわがままな人をいいます。

コメント

「無為」と聞けば老荘思想の「無為自然」を思い浮かべますが、ここでは仏教から「無為」の言葉を解説しています。浄土真宗では親鸞聖人が残した「正信偈」（しょうしんげ）がよく読経されます。この「正信偈」の最後の方に「速入寂静無為楽」という言葉があり、「すみやかに寂静無為のみやこに入ることは」と書き下し文があります。「楽」の文字を「みやこ」と読んで涅槃の静かで落ち着いた世界を「みやこ」としています。「無為の都は楽しみあるといえども」は、このような世界をイメージしたものでしょうか。親鸞聖人は鎌倉時代の人でありますので、実語教が書かれた当時の仏教の経典も学ばれたことと想像します。幼い時に学んだ実語教のこの言葉が知識としてあったかもしれません。

老《お》いを敬《うやま》うは父母《ふぼ》の如《ごと》し。幼《いとけな》きを愛《あい》するは子《し》弟《てい》の如《ごと》し。

（注解）　年老いた人には、他人ではあっても、敬うことは自分の父母と同じようにし、また幼少の子どもには、憐み恵むことを我が子や自分の弟と同じようにすべきです。

○孟子曰く、吾が老を老として以て人の老に及ぼしまた吾が幼を幼として以て人の幼に及ぼさば上にありては天下をば掌（たなごころ）に運（めぐ）らすべし。下にありては五倫の道に叶いよく家を治むべし。

（注解）　孟子にはこうあります。「我が家の老人を老人として敬うように、人の家の老人にも同じようにし、我が家の子弟のように、人の家の子弟も同じようにすれば、上の位にあれば、天下を掌の上で扱うように治めることができます。一般の人においては五倫の道（親子・君臣・長幼・朋友・夫婦）によくかない、家を治めることができます。

コメント

これまでの句は、自分自身の学問や親兄弟、先生や上司に対する心構え、仏教の教えでしたが、これから後の句は、他人というか世間の人々に対しての心構えになります。

年寄りに対しては、父母のように、幼い子どもに対しては、自分の子弟のように接することが求められます。「大学」や「孝経」ではまずは自分を修め、家を大切にすることから始まって、それを世間に広げていくことが道であるとしています。

他人《たにん》を敬《うやま》えば、他人《たにん》また我《われ》を敬《うやま》う。

（注解）　自分が他人を尊敬し、礼儀を大切にすれば、おのずと他人もまた自分に対して尊敬や礼儀を大切にします。自分が他人を悪く言い、憎しめば、他人もまた自分に対して憎しみ、悪く言います。

コメント

もっともなことですが、なかなかこれが難しいものです。注釈の後半の「自分が他人を悪く言い、憎しめば、他人もまた自分に対して憎しみ、悪く言います。」の方がよく見られるものです。社会でよく話題になるブーメラン効果です。

そうならないように、十悪のうちの「両舌・悪罵・妄言・綺語」「嫉み・瞋恚（いかりうらむ）・愚痴」に気を付けるように、仏教の教えを守る句がこれらの句の前にあるのでしょう。

己人《おのれひと》の親《おや》を敬《うやま》えば、人《ひと》また己《おのれ》の親《おや》を敬《うやま》う。

（注解）　自分が人の親を尊敬するような礼敬があれば、人もまた同じように自分の親を尊敬するものです。

○家語（けご）の賢君の篇に人を愛すればすなわち人もまた愛す。人をにくめば即ち人もこれをにくむとみえたり。故に仁ある人は人を愛するものなり。礼ある人は人をうやまうものなり。是を以ておれば礼敬は己にあり。人にあらざるなり。

（注解）　孔子家語（けご）の賢君の編に、人を愛すれば、人もまた愛す。人を憎めば、人もこの人を憎むと書いてあります。だから仁のある人は、人を愛するものです。礼儀を身につけた人は、人を尊敬するものです。このことからまず敬を行うのは自分にあって、人からするものではありません。

コメント

注解に引用している「孔子家語」の賢君の編の言葉は、前の句の「他人を敬えば、他人また我を敬う」も受けてつけているのでしょう。まず敬うことを実践するのは自分であると言っています。「克己復礼」という言葉があります。論語で弟子の顔回が孔子に仁とは何か尋ねた時の言葉です。「己に克って、礼を復することだ」と言います。さらに「仁をなすは己による」と付け加えます。まず、自分が実践することから始まるわけです。この句の前後の句には、己と他人の関係が出てきますが、自ら実践することが基本になります。

「実語教絵本」では、「孝経」から引用して「親を愛する者はあえて人を悪（にく）まず、親を敬する者はあえて人を慢（あなど）らず。」と解説をつけています。

己《おのれ》が身《み》を達《たっ》せんと欲《ほっ》する者《もの》は、先《ま》ず他人《たにん》を達《たっ》せしめよ。

（注解）　わが身の目的を達成しようと思うときは、まず才能がある人を生かし、その人を先に達成させるべきです。しかしながら古くからこのかた、才能ある人を後にして、先に自分の目的を達成できた人は少ないものです。論語にあります、蔵文仲（ぞうぶんちゅう）がしたように賢人として有名な柳下恵（りゅうかけい）を抜いて先に宮仕えするようなことはしてはいけません。これはみな、志の小さい者のするところです。

○論語にそれ仁者は己を立たんと欲して人を立たしむ。おのれを達せんと欲して人を達すとあるも是なり。

（注解）　論語には、仁者というものは、自分の身を立てようと思って、人の身を立てようとします。自分の目的を達成しようとして、人を先に達成させようとします。

コメント

今も昔も、「俺が、俺が…」の自己中心の人と、反対に「私には、…」と遠慮して自分を発揮できない人がいるものです。小さい子どもたちの中には、何でも一番がいいと思っている競争意識が強い子がたくさんいます。そんな子どもたちには、この句は教訓になったのではと思います。

「絵入実語教」にも「論語」から「己立たんと欲して人を達せんと欲す」を引用して解説しています。この句そのものが、「実語教」を書いた作者が「論語」を参考にしたのではと思うところです。

「実語教絵本」では、さらに「鮑叔（ほうしゅく）は管仲（かんちゅう）を薦め、徐庶（じょしょ）は孔明（こうめい）を進め、孔明は龐統（ほうとう）をすすむ。」と中国の人物の例をあげ、自分より先に他人を達せようとすることは、「求めずして己をたつる」と解説しています。

他人《たにん》の愁《うれ》い見《み》ては、即《すなわ》ち共《とも》に患《うれう》べし。
他人《たにん》の喜《よろこ》びを聞《き》いては、即《すなわ》ち自《みずか》ら共《とも》に悦《よろこ》ぶべし。

（注解）　この段は注解の必要もありません。本文を読んで、よく理解すべきであります。すべて他人が愁い悲しんでいるのであれば、一緒に憂い悲しむのが、人として当たり前のことであります。また他人の喜びを聞いて、一緒に喜ぶことは、人としての道理であります。しかし平生から、自分の心がよくない人は、人が患い悲しんでいても、これを陰で喜んだり、また他人の喜んでいるのを見て、ねたんで悪口を言ったりする人を戒める言葉です。

○論語にも孔子曰く哭々する是日おいて歌はずと、また人と歌にて喜（よき）ときは必ず是を反すと有り。

（注解）　孔子の論語にはこんな言葉があります。「私は、弔事があって泣いた日には、歌を歌うことはない。」と。

また人と歌って喜ぶときは、必ず歌を反すようにしたとあります。

コメント

この句は分かりやすい句です。文字通り、現在でもわかる言葉です。他人への思いやりの大切さは、平安時代も、江戸時代も、今も変わりません。古くから続く、日本の伝統であり、常識ですのでこの句に関する注釈は甚だ簡単です。このことは、日本人とは何かを考えるとき重要なことです。

しかし「実語教絵本」には、「世の人の心のあさましきは、人の悪しきはよろこび、人のよきはよろこびず、このゆえに美女は宮中に入りて妬（ねた）まれ、賢士は朝に入って讒言（ざんげん）される」また「悪事は千里をはしるとは何のことぞや、これは人の悪しきことを喜ぶゆえなり」ともあります。他人の悲しみをともに悲しみ、他人の喜びをともに喜ぶことの大切さは言葉としては分かってはいても、現実では、その反対のことがよく行われているものです。週刊誌でも、悪いことは事細かにすぐに報道されます。有名人として持ち上げられても、悪事を犯せば掌を返したようにバッシングされます。今も昔も世の中は難しいものです。

善《ぜん》を見《み》ては速《すみ》やかに行《おこな》い、悪《あく》を見《み》ては忽《たちま》ち避《さ》けよ。

（注釈）　人が善い行いをしているのを見たら、自分もまた、これを速やかに行うようにしましょう。人が悪い事をしているのを見たら、すぐさま、その場から逃れるようにしましょう。

○論語に曰く、三人行けつるときは必ず我が師あり。其の善なる者を選んでこれに従う。不善なる者をばしこうしてこれをあらたむ。

（注釈）　論語にはこのような言葉があります。

「道連れが三人いれば、二人は必ずそれぞれ先生になる。二人のうち善を行う人にならって同じように善を行い、不善な人の行いを見てはよく考え、自分の行いを改めるからである。」

コメント

善い行いにしろ、悪い行いにしろ、人がやっていると自分も同じようにしたいものです。日本人はその傾向が強いものです。善行ならば問題ありませんが、悪行なら問題です。自分で善悪の判断をして行動すべきですが、つい周りにながされてしまうかもしれません。オレオレ詐欺に加担する若者はこの例かもしれません。初めは悪いこととは思いながらも、つい断り切れずに悪の道に染まったのでしょう。この句の説明のために注釈には「論語」から「三人行けばわが師あり…」の言葉を引用しています。善を行う者、不善を行う者の判断は自分がするものです。友達との交流もただ漫然とすべきではないということです。

「実語教絵本」には「小善をつむべし、少しの悪も行うことなかれ」と解説して、雀一羽、どじょう一匹も大切にすることも小善の一つだとしています。一方賭博をする人とは交わりを絶って、関わりを持たないように強くいましめています。江戸時代、賭博と関わって身を落とすことがたいへん多かったのでしょう。小さい子どもに対して、賭博はしないようにと教えていますので。

ところで「悪を見てはたちまち避けよ」の意味を「悪いことを見て見ぬふりをしていいのか」と考える人もあるかと思いますが、ここは「悪いことには染まらないようにしましょう」という意味です。

善《ぜん》を修《しゅう》する者《もの》は福《ふく》を蒙《こうむ》る。譬《たと》えば響《ひび》きの音《おと》に応《おう》ずるが如《ごと》く。悪《あく》を好《この》むものは禍《わざわ》いを招《まね》く。宛《あたか》も身《み》に影《かげ》の随《したが》うが如《ごと》し。

（注釈）　「善を修する」というのは人道五倫の道をよく守る人のことで、必ず天道により、この人に福報をもたらすことをいいます。これを例えていえば、打てば響くというようなものです。これを響きの音に応じるようにという意味です。

また「悪を好むものは禍を招く」という句は、上の句の反対で、好んで悪い行いをする者には、天道は必ず禍を下すといいます。これもまた身に影の随うように逃れることは難しいものです。「宛も」というのは、今、目の前にあるようにという意味です。

○釈家畢罪（ひつざい）経に善を施せば福（さいわい）追い、悪を為せば禍い響きの声に応じ影の形を追うようなものである。

（注釈）　釈家畢罪（ひつざい）経には、善を施すならば福（さいわい）が身を追い、悪を行えば、禍いは響きの声に応じて、影の形が追いかけてくるようなものです。

コメント

この句の部分は、「実語教」の版によって異なる順序になっています。

この版では「善を修する者は福を蒙る、譬えば響きの音に応ずるが如く。悪を好むものは禍を招く、宛も身に影の随うが如し」となっています。

別の版では「善を修する者は福を蒙る、宛も身に影の随うが如し。悪を好む者は禍いを招く、譬えば響きの音に応ずるが如く。」

また別の版では「悪を好む者は禍いを招く、譬えば響きの音に応ずるが如く、宛も身に影の随うが如し。善を行う者は福を蒙る。」となっています。

悪のイメージとして考えた場合は、音が響き合うように悪事も同調して広がるイメージなのか、自分の影に悪事がつきまとっているイメージなのか、それとも、どちらも指しているのか判断が難しいところです。逆に善は、互いに響き合い広がるものか、善を行う人には陰徳の影がついてまわるのか。どの版が正しいのか迷うところです。

この注釈では「釈家畢罪経」からの引用があり、「…悪を為せば禍い響きの声に応じ影の形を追うようなものである。」とありますので、悪いことには同調しやすい意味での響きと暗い影の両方のイメージがあるようです。

前の句に「悪を見ては忽ち避けよ」とありましたので、悪事の音が響き同調しないうちに、暗い影が忍び寄ってこないうちに、速く自分で判断して避けなさいということでしょうか。まごまごしていると逃げ遅れます。

富《と》めりと雖《いえど》も貧《まず》しきを忘《わす》るる勿《なか》れ、貴《とうと》しと雖《いえど》も賤《いや》しきを忘《わす》るること勿《なか》れ。或《ある》いは始《はじ》め富《とみ》終《お》わり貧《まず》しく、或《ある》いは先《さき》に貴《とうと》く後《のち》に賤《いや》しく。

（注解）　人々は、今日は財産が富み豊かであるといっても、貧しかった時のことを忘れたらいけません。

今、身の上は高い身分にあって、人々から尊敬を受けていると言っても、必ず賤しかった時のことを忘れてはいけません。

またたとえ裕福な家に生まれたとしても、貧しい人々を憐れむことを忘れてはいけません。

また貴族の家に生まれて来たといっても、賤しい人々を軽んじ、あなどってはいけません。

あるいは始めの間は裕福ですが、後には必ず貧しくなる者が多いものです。今、裕福だといっても、絶対に油断をしてはいけません。あるいは、先に身分が高く、後に必ず賤しくなるのも道理は同じことです。これを皆、上の句と対句にして言葉を述べたものです。

○易に曰く、君子は安んじて危うしを忘れず。存して亡ぶることを忘れずといへり。また貴賤貧福は常なるものにあらず、身の盛衰は寒暑のたがいにうつりかわるがごとし

（注釈）　易経にこういう言葉があります。「君子は安らいでいる時も、いつ危機になるかと心配して忘れません。今あることを意識して、いつ滅びるかを忘れないといいます。また貴賤や貧福は常に同じ状態になるものではないといいます。一身の栄華盛衰は暑さ寒さのように互いに移り変わるものです。

コメント

この句では人生には浮き沈みがあることを教えています。現在の道徳教育では、人生の浮き沈みを教える項目はありませんので、「実語教」の方が世間一般に通用するものかもしれません。

「実語教絵本」では、「富めりと雖も貧しきを忘れる勿れ、貴しと雖も賤しきを忘るること勿れ。」を受けて「剣は鞘、弓は袋に納め、御代にも乱を忘れることはないようにすることが聖賢の教え」としています。平和ぼけをせず、平時も軍事の備えを忘れないということです。また「豊年に飢饉を忘れないようにして米粟の余りをのこすように」と豊作時に食料危機に備えることも書いてあります。

後半の句の「或いは始め富終わり貧しく、或いは先に貴く後に賤しく。」の解説では、「小野小町も年老いては関寺に食を乞うた」「項羽も九里山の戦いに敗れて自ら首を切った」「諸葛孔明も楠正成も賢者ではあるが、仲達、尊氏に世を奪われる」「始皇帝も豊臣太閤の富貴権勢も二世で滅んだ」と例を挙げています。「富貴と貧賤はあざなえる縄のごとし」とも書いてあり、「位が高いからと言って人を押しのけてはいけない」とも書いてあります。

夫《そ》れ習《なら》い難《がた》く忘《わす》れ易《やす》きは音声《おんじょう》の浮才《ふさい》、また学《まな》びやすく忘《わす》れ難《がた》きは書筆《しょひつ》の博芸《はくげい》。

（注釈）　音声とは音楽などのふしをつけた謡（うたい）また、笛や太鼓はどれも音声のあるものを言います。

これらの芸事は、なかなか習得が難しいもので、少し怠ければ、忘れやすいものです。浮才というのは、ふわふわと浮かんでいるような才能ということです。

また初めて学び習うのに、たいへん学びやすくて、後々までも忘れないものは書筆の博芸です。書筆といっても書くだけのものではなくて、書を読み、書を書くのに関係するものです。

コメント

ピアノやバイオリンなどは、才能がないと難しい曲は演奏できないものです。歌や踊りもそれで生計を立てられるような一流になるのは難しいものです。「実語教絵本」では、このような芸術を遊芸として、無益なことに才覚を費やすことは益のないことだとしています。それより身の内の財となる学問をしなさいと言っています。現代も音楽や絵画に夢中になる人が多いものですが、なかなか一流になることは難しいものです。趣味として楽しみながら、ちゃんと基本的な生活ができるように読み書きソロバンは今も昔も必要です。

江戸時代の寺子屋のテキストには、「実語教」の文章と共に、ひらがな、かたかな、漢字の読み書きやソロバンの使い方が一冊にまとめられているものもあります。その中にはかけ算九九もあり、当時の子どもたちもかけ算九九を学んでいたことがわかります。現在も小学二年生になれば、「二一が二、二二んが四…」とかけ算九九を覚えますが、一度覚えると一生使えるものです。学びやすく忘れ難きは書筆の博芸とはこのことでしょうか。

但《た》だ食《しょく》有《あ》れば法《ほう》あり、また身《み》有《あ》れば命《めい》あり。なお農業《のうぎょう》を忘《わす》れず、必《かなら》ず学文《がくもん》を廃《はい》すること莫《なか》れ。

（注釈）「食有れば法あり」とは、人々は食物を食べないことはない。また食にはきまりのような法があります。これは士農工商のどれにも、その職業を専門に勤めなければ、体や命を完全に保つことはできません。どの職業も、それぞれが行うべきことを行うものです。このことを法というのです。つまり、その食を用いて、いいかえればその食をもって命を保つのです。これはみな法令です。なおまた農業を忘れてはいけないと言います。

農家は本です。四職といっても、農民は、上は万乗の兵を持つ君子から、下は平民に至るまで、一日も離れることはできません。だから、上の位にある人は、農民に対しては子のようにめんどうをみて、また赤子のように大切にするものです。特に、耕したり、草切りをしたりと、農家の汗や血をしぼるようにして収穫したものでありますので、五穀を粗末にしてはいけないのです。

次に「学問を廃することなかれ」は、この道によらなければ、非義・非道を行うことから、これを特に重視しなければなりません。だから学問をやめてしまえば、自ずから荒れすさむようになり、放逸になるものです。放逸になれば家を破り、身をそこなうものになります。こういうわけで学問を捨ててはいけないのです。

コメント

「食あれば法あり」の句は分かりにくいと思います。特に「法」の表していることが分かりにくいものです。「実語教注解」では、「法」を食べていくのに必要な仕事のこととしているようです。「実語教絵本」では、食べ物を食べて命を保つものには、かならず「法」（のり）があるとしています。生きるためのきまりのようなことでしょうか。「赤子は誰も教えないのに母の乳房を吸って乳を飲むことは天生自然の妙だ」としています。その後、人が成長し、働くときそれぞれに食を得るための人としてのきまりがあるということでしょうか。

なお「食あれば法あり」の言葉は鎌倉時代の禅宗の道元の「赴粥飯法」（ふしゅくはんぽう）に似た言葉で「食は法なり」とあります。また「維摩教」にも「食事が仏陀のはたらきをする」という言葉があります。

著者としてはさらに拡大解釈して次のように考えました。人間にとって食物は、衣食住の中でも特に重要なものです。動物の世界は弱肉強食の世界でありますが、太古から人間も食糧をめぐっての争いは絶えません。食をめぐって命を落とすような争いばかりになっては、平穏な生活を送ることは不可能になります。そこでやはり秩序が必要になります。お互いに決めたルール、つまり法が必要になるのです。それぞれの社会に応じた食物をめぐってのルールがあって、その約束事を守ることで食べ物を安定して確保できるようにしたと考えます。家族が確実に食を得るためには、その社会のルールに則って働き、食を得たのです。

またそのあとの句では「身あれば命あり」とあります。人間は、この身体がなければ命は宿りません。身体が存在するためには、必ず食べることが必要になります。ここでは「食あれば法あり。身あれば命あり。」の対句の形になっています。この意味は、食は食べ物で具体物です。一方、法は具体的に目に見えるものではありません。もちろん六法全書のように文字にすれば見えるものですが、社会全体で法が守られ実践されることで、その行為を通して法を見ることができます。「身あれば命あり」も同じように、命そのものを見ることはできません。身体という具体的な体があって、そこに命が宿ることで、体が動き、生命として活動を認識することができます。哲学的な深さを感じる句です。

注釈にありますように食べるものがなければ、生きていくことができません。そこで、後に続く「なお農業を忘れず」のように食べ物を生産する農業の大切さにつながります。「農業」という言葉は、明治時代以降の新しい言葉のように感じますが、平安時代には使われていた古い言葉書でもあったことに驚きます。「実語教」が書かれた当時は、「実語教」が農民の子どもたちのための教育教育書ではなく、文字が読める貴族や僧侶たちの子どもたちのための教育書であったことが想像されます。「農業を忘れず」とは、自分たちが生きていくためには、食物を生産する農民がいることを忘れてはならないという意味ではないかと思います。「実語教絵本」では、「農業とは耕し草をとり、五穀や野菜を作る百姓のしわざなり、食は人の命をつなぐ貴きものなれば、高位の貴人といえども農業の切なる働きを忘れたまうべからず」とあります。江戸時代には、領主の鷹狩りがありました。武芸のひとつのように思われますが、「今の鷹狩など、皆民の辛苦を貴人に知らしむる聖賢のみのり」とあり、領地の民の様子を知るための目的もあったようです。「実語教絵本」は、その鷹狩の様子を挿絵にしています。

現在の日本では、農業を含め、漁業、林業の第一次産業が衰退にむかっています。どれも重労働のわりに収入が少なく後継者難です。楽をして収入を得る仕事に就職する傾向が強く、食の基本である農業等を忌避する傾向があります。仕事がないと言われながらも、日本の農業の現場では外国人労働者が増える一方であります。平安時代に「実語教」の「なお農業を忘れず」の言葉は、現在の日本人に向けた言葉と言ってよいのかもしれません。

この句の後半は「必ず学問廃することなかれ」と続きます。「実語教注解」では、「学問を忘れると非義、非道の道に走り、放逸になる」とあります。「無為の都は楽しみありと雖も、放逸の輩は遊ばず」の句につながるわけです。「実語教絵本」では、「学問は身を修める法なれば官位の高い人はもちろん百姓町人といへども学び問うべし」とあります。「実語教絵本」の著者は、石門心学の石田梅岩の弟子である中澤道二でしたから、「百姓町人といへども学び問うべし」と書いたのでしょう。実際、江戸時代になると、寺子屋の普及によって、一般庶民も読み書きができるようになり、中国の古典や仏教の経典にも学ぶ機会が増えました。江戸時代の後半になるとさらに深く学んだ農民出身の二宮尊徳や山田方谷、渋沢栄一らが幕府から登用され新しい時代を切り開いていきます。

故《かるがゆえ》に末代《まつだい》の学者《がくしゃ》、先《ま》ずこの書《しょ》を案《あん》ずべし。

（注解）「故（かるがゆえ）に」というのは、前文を受けてという意味です。「末代の学」といっても、この書は学問の始めにする意義をことごとく述べているものですから、「末の代（すえのよ）」のためのものでもあるのです。また「学者」は後に生まれて来て、学ぼうと思う人は、必ず先ず此の書を深く読み、考えるべきです。「此の書」というのは、「実語教」のことを言います。「案ずべし」とはよくよく考えて、自分のものにして納得することをいいます。

コメント

いよいよ「実語教」の最後の句にと近づいてきました。「実語教」は小学生ぐらいの子どもがまず学問を始める時の心構え、いいかえれば道徳のテキストでした。まず実語教を勉強して、自分のものにした後、聖賢の学問に進むように言っています。「案ずべし」とありますので、現在の道徳の読み物のように一読して終わりではなく、何度も読み返して深く納得するようにと書いてあります。「実語教絵本」には、「今の世の道を学ぼうとする者は、まずこの実語教を見て、とくと考え、善悪正邪をわきまえてのち、聖賢の経を見るべきであり、学問の発端である」と書いています。

日本の昔の子どもたちが勉強を習い始める時、まずこの「実語教」から勉強を始めるように最後に勧めているのです。

是《こ》れ学問《がくもん》の始《はじ》め、身《み》終《お》えるまで亡失《ぼうしつ》すること勿《なか》れ。

（注解）「是れ」をば、この書をさしています。いうまでもないことです。すべて学問を始めて習い、習得した聖経や賢伝をよく身にたくわえて、自分の身が終わるまで、教えてもらったことを忘れてはいけません。
これは幼少の時に学び習得しなければ、老いて後に、親を怨んでも、また師匠を怨み、我が身自身を恨んでも、何の利益もありません。前にあったように学ばなければ、木石に異ならずという意味であります。人の道は学問にもとづかなければならないものです。

コメント

注釈では、最後にこれまでに出た「実語教」の句から引用して、幼い時に「実語教」を学び始め、一生学び続けることが大切だとしています。筆者は、「学問のすすめ」に「実語教」からの引用があることは若い時に知っていましたが、「実語教」の全体の言葉を知ったのは、四〇代になってからです。「これは幼少の時に学び習得しなければ、老いて後に、親を怨んでも、また師匠を怨み、我が身自身を恨んでも、何の利益もありません」とありますから、完全に手遅れの状態で「実語教」を知ったわけです。不徳の致すところです。

文部科学省からは、学習指導要領という学校教育の指針が出されています。その道徳科の小学生の項目を見ますと、善悪の判断、努力の強い意志、親切・思いやり、家族愛等があります。「実語教」の内容と重なる部分がありますので、「実語教」の全文の学習とまでは言いませんが、部分的に学習するだけでも「幼少の時に学び習得」ができそうです。日本古来の伝統に基づいた日本人の心にふれることだろうと思うところです。

付録　「実語教」全文

山高《やまたか》きが故《ゆえ》に貴《たっと》からず。木《き》あるを以《もっ》て貴《たっと》しとす。

人肥《ひとこ》えたるが故《ゆえ》に貴《たっと》からず。

智《ち》あるを以《もっ》て貴《たっと》しとす。

富《とみ》は是一生《これいっしょう》の財《たから》、滅《めっ》すれば即《すなわ》ちともに滅《めっ》す。

智《ち》は是《これ》万代《ばんだい》の財《たから》、命終《いのちお》われば、即《すなわ》ち随《したが》って行《ゆ》く。

玉磨《たまみが》かざれば光無《ひかりな》し、光無《ひかりな》きを石瓦《いしがわら》とす。

人学《ひとまな》ばざれば智《ち》なし、智無《ちな》きを愚人《ぐにん》とす。

倉《くら》の内《うち》の財《ざい》は朽《く》つること有《あ》り。

身《み》の内《うち》の才《さい》は朽《く》つること無《な》し。
千両《せんりょう》の金《こがね》を積《つ》むと雖《いえど》も、一日《いちにち》の学《がく》に如《し》かず。
兄弟常《きょうだいつね》に合《あ》わず。慈悲《じひ》を兄弟《きょうだい》とす。
財物《ざいもつ》は永《なが》く存《そん》せず、才智《さいち》を財物《ざいもつ》とす。
四大日々《しだいひび》衰《おとろ》え、心神夜々《しんしんよよ》に暗《くら》し。
幼《いとけな》き時勤《ときつと》め学《まな》ばざれば、老《お》いて後恨《のちうら》み悔《く》ゆると雖《いえど》も、
尚益《なおえき》とする所有《ところあ》ること無《な》し。
故《かるがゆえ》に書《しょ》を読《よ》んで倦《う》むこと勿《なか》れ、学問《がくもん》に怠《おこた》る時勿《ときなか》れ。

眠《ねむ》りを除《のぞ》きて通夜誦《よもすがらじゅ》せよ、飢《う》えを忍《しの》びて終日習《ひねもすなら》え。

師《し》に会《あ》うと雖《いえど》も学《まな》ばざれば、徒《いたずら》に市人《いちひと》に向《むか》ふが如《ごと》し。

習《なら》い読《よ》むと雖《いえど》も復《ふく》せざれば、只隣《ただとなり》の財《たから》を計《かぞう》るが如《ごと》し。

君子《くんし》は智者《ちしゃ》を愛《あい》す。小人《しょうじん》は福人《ふくじん》を愛《あい》す。

富貴《ふうき》の家《いえ》に入《い》ると雖《いえど》も、財無《ざいな》き人《ひと》の為《ため》には、

猶霜《なおしも》の下《した》の花《はな》の如《ごと》し。

貧賤《ひんせん》の門《もん》を出《い》づると雖《いえど》も、智《ち》ある人《ひと》の為《ため》には宛《あたか》も

泥中《でいちゅう》の蓮《はちす》の如《ごと》し。

父母《ふぼ》は天地《てんち》の如《ごと》し。師君《しくん》は日月《じつげつ》の如《ごと》し。
親族《しんぞく》は譬葦《たとえばあし》の如《ごと》し。夫妻猶瓦《ふさいなおかわら》の如《ごと》し。
父母《ふぼ》には朝夕《ちょうせき》に孝《こう》せよ。師君《しくん》には昼夜《ちゅうや》に仕《つか》えよ。
友《とも》と交《まじ》わりて諍事《あらそうこと》勿《なか》れ。
己《おのれ》より兄《あに》には礼敬《れいけい》を盡《つ》くし、
己《おのれ》より弟《おとうと》には愛顧《あいこ》をいたせ。
人《ひと》として智無《ちな》き者《もの》は、木石《ぼくせき》に異《こと》ならず。
人《ひと》として孝無《こうな》き者《もの》は、畜生《ちくしょう》に異《こと》ならず。

三学《さんがく》の友《とも》に交《まじ》わらずんば、何《なん》ぞ七覚《しちかく》の林《はやし》に遊《あそ》ばん。

四等《しとう》の船《ふね》に乗《の》らずば、誰《だれ》か八苦《はっく》の海《うみ》を渡《わた》らん。

八正《はちしょう》の道《みち》は広《ひろ》しと雖《いえど》も、十悪《じゅうあく》の人《ひと》は往《ゆ》かず。

無為《むい》の都《みやこ》は楽《たの》しみありと雖《いえど》も、放逸《ほういつ》の輩《ともがら》は遊《あそ》ばず。

老《お》いを敬《うやま》うは父母《ふぼ》の如《ごと》し。

幼《いとけな》きを愛《あい》するは子弟《してい》の如《ごと》し。

他人《たにん》を敬《うやま》えば、他人《たにん》また我《われ》を敬《うやま》う。

己人《おのれひと》の親《おや》を敬《うやま》えば、人《ひと》また己《おのれ》の親《おや》を敬《うやま》う。

己《おのれ》が身《み》を達《たっ》せんと欲《ほっ》する者《もの》は、
先《ま》ず他人《たにん》を達《たっ》せしめよ。
他人《たにん》の愁《うれ》い見《み》ては、即《すなわ》ち自《みずか》ら共《とも》に患《うれう》べし。
他人《たにん》の喜《よろこ》びを聞《き》いては、即《すなわ》ち自《みずか》ら共《とも》に悦《よろこ》ぶべし。
善《ぜん》を見《み》ては速《すみ》やかに行《おこな》い、悪《あく》を見《み》ては忽《たちまち》避《さ》けよ。
善《ぜん》を修《しゅう》する者《もの》は福《さいわい》を蒙《こうむ》る。
譬《たと》えば響《ひび》きの音《おと》に応《おう》ずるが如《ごと》く。
悪《あく》を好《この》むものは禍《わざわい》を招《まね》く。

宛《あたか》も身《み》に影《かげ》の随《したが》うが如《ごと》し。
富《と》めりと雖《いえど》も貧《まず》しきを忘《わす》れる勿《なか》れ。
貴《たっと》しと雖《いえど》も賤《いや》しきを忘《わす》るること勿《なか》れ。
或《あ》るいは始《はじ》め富《とみ》終《お》わり貧《まず》しく、
或《ある》いは先《さき》に貴《たっと》く後《のち》に賤《いや》しく。
夫《そ》れ習《なら》い難《がた》く忘《わす》れ易《やす》きは音声《おんせい》の浮才《ふさい》。
また学《まな》びやすく忘《わす》れ難《がた》きは書筆《しょひつ》の博芸《はくげい》。
但《ただ》し食《しょく》有《あ》れば法《ほう》あり、また身《み》有《あ》れば命《めい》あり。

なお農業《のうぎょう》を忘《わす》れず、必《かなら》ず学文《がくもん》を廃《はい》すること莫《なか》れ。
故《かるがゆえ》に末代《まつだい》の学者《がくしゃ》、先《ま》ずこの書《しょ》を案《あん》ずべし。
是《こ》れ学問《がくもん》の始《はじ》め、身《み》終《お》えるまで亡失《ぼうしつ》すること勿《なか》れ。

おわりに

「実語教注解」はいかがだったでしょうか。現代語訳を試みながら、改めて読み直し、文言の出典を調べたりしていましたらふと気づいたことがありました。「実語教」は、仏教の経典や古代中国の聖賢の言葉より引用して創作されたと冒頭にありましたが、日本には古来、八百万の神の道もあるはずです。それを完全に無視したとは考えにくいものです。二宮尊徳の道歌には、「古道につもる木の葉をかきわけて　天照らす神の足跡を見ん」とありますように日本には、儒仏が入る前から、重層的に積み重なった八百万の神の道があります。また「神道は開国の道なり。儒学は治国の道なり。仏教は治心の道なり。」（二宮翁夜話）とも言っています。しかし「実語教」には、この惟神（かんながら）の道については、具体的には語っていないので疑問を感じていました。

しかしふと気づいたのが、最も大切な一番目の句になぜ「山高きが故に貴からず。木有るを以て貴しとす」を置いているかということです。日本では富士山信仰をはじめ、高い山には神が宿るとされます。鎮守の杜という言葉もあります。また古い大木はご神木になり、しめ縄がまかれます。麓には、山に蓄えられた水が清水となって湧き出し、御幣が立てられ、清流となって田畑を潤します。

このような文化は、日本独特のものです。自然に神が宿るとして、縄文時代からも守られ続けています。

ただ単に山が高いから信仰されるのではなく、山が生み出す恵を受けて日本人が生きてきたのです。

一番目の句にこの句を置くことで、惟神の道の貴さを最初に教えているのです。この後の句からは、はっきりとは惟神の道は示されませんが、平安時代に生きている人々の生活感覚と仏教、儒教の言葉が結びついて、取捨選択して「実語教」の各句ができたものと思われます。たとえば日本の庶民は、古くは竪穴式住居に家族単位で生活していましたので、家族を大切にしていたことと思います。儒教でも、仏教でも家族を大切にすることは教えられていますので、重なるところがあります。父母を天地に、師君を日月に、そして親類を竪穴式住居の屋根である葦に、夫婦も同じく住居の屋根となる瓦にたとえたのは、日本の生活様式と密着したものです。家族を守る思いがこのような比喩になったと考えます。

このように儒仏の言葉と日本人がもともと善だと考えることと重なる部分を教えにして、実践的な言葉、現実的な言葉、実りのある言葉として実語教の各句が構成されたのではないかと思い至りました。

「はじめに」でも書きましたように、「実語教」は明治時代の初期までは道徳のテキストとして使用された千年の歴史のある言葉です。万葉集、古今和歌集、源氏物語、枕草子、平家物語などの古典は、日本のほこる古典文化として現在も大切にされてきました。「実語教」も同じように日本文化の古典であり、歴史ある教育書です。しかも前述した古典は一般庶民にはなじみの薄いものかもしれませんが、「実語教」は、実際にもっと身近な教育書として一般庶民にも普及した古典なのです。不易と流行という言葉がありますが、「実語教」こそ、日本人の教育にとってまさに不易の書であると思います。基本に帰るともいいます。古きを温《たず》ねて新しきを知るともいいます。もう一度「実語教」を読み直し、古い伝統の上に立って、新しい日本を読者のみなさまと一緒に築き、創造したいものです。

この度、増刷にあたり、巻末に付録として「実語教」全文を掲載しました。「実語教」は一度読んで終わりではなく、折に触れて読み返し、日々の暮らしに役立てていただければ幸いです。

参考文献（五十音順）

池田　知久訳注　「淮南子」　講談社学術文庫
伊與田　覚　「孝経」　致知出版社
伊與田　覚　「『大学』を素読する」　致知出版社
宇野哲人全訳注　「大学」　講談社学術文庫
加地伸行全訳注　「孝経」　講談社学術文庫
金谷　治訳注　「大学・中庸」　岩波文庫
金谷　治訳注　「孫子」　岩波文庫
鎌田　正　「春秋左氏伝」　明徳出版社
楠山春樹　「淮南子」　明治書院
児玉幸多訳　二宮尊徳著　「二宮尊徳夜話」　中公クラシックス
佐々木恵精解説　「浄土三部経」　本願寺宇出版社
齋藤　孝　「こどもと声に出して読みたい実語教」　致知出版社
渋沢栄一　「論語講義」　講談社学術文庫
尚学図書編集　「中国の名言名句の辞典」　小学館

親鸞著　金子大栄校訂「教行信証」岩波書店
谷沢栄一・渡部昇「人生の難局を突破し人生を高める生き方」ＰＨＰ研究所
道元「典座教訓・赴粥飯法」講談社学術文庫
長尾雅人訳注「維摩教」中公文庫
西尾実・安良岡康作校注「徒然草」岩波文庫
福沢諭吉「学問のすすめ」岩波文庫
穂積重遠「新訳論語」講談社学術文庫
松枝茂夫・竹内好監修「孟子」経営思潮研究会
松崎之貞「評伝　渡部昇一「知の巨人」の人間学」ビジネス社
和田武司・市川宏編「中国の故事名言」徳間書店
渡部昇一「青春の読書」ワック株式会社

「実語教注解」現代語訳
― 日本の伝統教育が蘇る ―

2022 年 4 月 1 日　初版発行
2023 年 12 月 1 日　第二版（改訂版）発行
著　者　安達　信一
発行者　小坂　拓人
発行所　株式会社 トライ

〒 861-0105
熊本市北区植木町味取 373-1
TEL 096-273-2580
FAX 096-273-2542
H P https://try-p.net
E-mail try@try-p.net

印　刷　株式会社 トライ
製　本　株式会社 トライ